Inhalt

Goldmarkt - Goldpreis auf Rekordhöhe, Nachfrage übersteigt Angebot

Kernthesen

Beitrag

Fallbeispiele

Zahlen und Fakten

Weiterführende Literatur

Impressum

Goldmarkt - Goldpreis auf Rekordhöhe, Nachfrage übersteigt Angebot

Autor GENIOS BranchenWissen: A.Schneider

Kernthesen

- Der Goldpreis ist so hoch wie seit 18 Jahren nicht mehr.
- Die weltweite Nachfrage nach Gold übersteigt deutlich das Angebot. Goldgierig ist in der Vorweihnachtszeit vor allem die Schmuckindustrie.
- Exchange Traded Funds (ETF) legen an Beliebtheit zu und verzeichnen ein rasantes Wachstum.
- Die Branche erwartet zunehmendes Unternehmenswachstum durch Fusionen

und Übernahmen.
- Gegenwärtig konkurrieren Barrick Gold und Newmont Mining um die Übernahme von Placer Dome.

Beitrag

Gold ist so teuer wie seit 18 Jahren nicht mehr. Gerade in der Vorweihnachtszeit fragt vor allem die Schmuckindustrie viel Gold nach. Insgesamt wird im laufenden Jahr mit einer neuen Rekordnachfrage in Höhe von 170 Tonnen gerechnet. Dies entspricht einem Wachstum von sage und schreibe 241%!

Gold als Anlage- und Spekulationsobjekt wieder attraktiv

Gold wird seit jeher als "harte Währung" und "sicherer Hafen" geschätzt und gilt als bester Schutz vor Inflation. Angesichts weltweit tendenziell steigender Haushaltsdefizite und zunehmender Inflation(sängste) decken sich viele wieder mit Gold ein.
Das Edelmetall kann in unterschiedlichen Formen

erworben, gehalten und gehandelt werden. Wer hätte nicht gerne pures Gold in physischer Form als Goldbarren oder Goldmünzen in seinem geheimen Tresor? Oder gleich eine ganze Goldmine erben? Leider sehr unwahrscheinlich. Aber zumindest Anteile an Goldminen lassen sich über Aktien oder Goldminenfonds erwerben. Sicherer als der Schatz im geheimen Tresor sind Zertifikate oder Gold-Investmentsfonds, wie sie von Banken und Fondsgesellschaften angeboten werden. Auch einen Gold-Sparbrief gibt es zu kaufen. (1)
Extrem gefragt sind seit einem Jahr sogenannte Exchange Traded Funds (ETF). Sie werden an der Börse gehandelt, und der Anleger kann jederzeit nach Belieben oder Notwendigkeit ein- und aussteigen. Dem Pionier dieser Anlageform, der State Street Bank, bescherten die Street Tracks Gold Shares vor einem Jahr einen Goldregen in Höhe von rund einer Milliarde Dollar in drei Tagen. Insgesamt wird im laufenden Jahr mit einer neuen Rekordnachfrage in Höhe von 170 Tonnen gerechnet. Dies entspricht einem Wachstum von 241% (2004: 133 Tonnen). (2), (3)

Weltweite Goldförderung rückläufig

Die größten Goldförderländer sind Südafrika (345 t),

Australien (261 t), USA (259 t), China (212 t), gefolgt von Russland, Peru, Kanada und Indonesien. Doch während Südafrika noch 1970 fast 70% der Goldförderung auf sich verbuchte, ist sein Anteil heute auf knapp 14% und damit das niedrigste Niveau seit 1931 gefallen. Australien hingegen hat sich im selben Zeitraum von gut 1% auf inzwischen deutlich über 10% emporgearbeitet. [Abb.1]

Insgesamt wurden im Jahr 2004 rund 2 500 Tonnen Gold gefördert. Damit ist die weltweite Goldförderung gegenwärtig rückläufig. Rund 4% wurden weniger aus dem Boden geholt als im Vorjahr. Während Chinas Produktion anstieg und Perus unverändert blieb, verzeichneten Südafrika, USA und Kanada leichte, Indonesien sogar starke Rückgänge. Seit 1998 haben die Goldminen ihre Explorationsbudgets um 76% reduziert. Die Zahl der Neufunde sank auf ein Rekordtief.
Im ersten Halbjahr 2005 stieg die Produktion um 3%. Dank den Verkäufen der Notenbanken stand insgesamt um 18% mehr Gold im Angebot. Der weltgrößte Goldminenkonzern Newmont Mining meldete in der vergangenen Woche für das dritte Quartal einen Rückgang der Produktionsmenge um über sechs Prozent gegenüber dem Vorjahr. (3), (4)

Nachfrageüberhang am Goldmarkt

Die Nachfrage liegt weitaus höher bei jährlich rund 3 500 Tonnen. Schon im ersten Halbjahr 2005 fehlten 54 Tonnen Gold auf dem Markt. Für das Gesamtjahr wird mit einem Nachfrageüberhang von über 100 Tonnen gerechnet. (3)
Diese Angebotslücke wird in der Regel durch Goldverkäufe der Zentralbanken geschlossen. Für dieses Jahr jedoch haben die Zentralbanken ihre im Washingtoner Abkommen definierten Maximalverkäufe an Gold ausgeschöpft. Künftig werden die Zentralbanken immer weniger Gold verkaufen. Die Erschließung neuer Minen ist unumgänglich. Eine Ausweitung der Produktion ist nicht von heute auf morgen möglich. Der technische Aufwand ist hoch. Außerdem werden die Umweltauflagen immer strenger. (5), (1)

Was treibt die Goldnachfrage in die Höhe? Hohen Goldbedarf hat vor allem gerade jetzt in der Vorweihnachtszeit die Schmuckindustrie. Sie fragte 2004 allein 2 600 Tonnen Gold nach.
Gold in großem Umfang kaufen internationale Pensionskassen, Rohstofffonds und Großbanken. Auch viele Hedge-Fonds wetten auf steigende Goldpreise, oft indem sie in Gold-Futures investieren.

Hohe Nachfrage kommt derzeit auch aus Japan, wo japanische Investoren Gold zur Absicherung kaufen, da der Yen seit September gegenüber dem Dollar um rund 10% an Wert verloren hat. (6)
Auch in China und Indien steigt die Nachfrage nach Gold. Diese beiden Länder haben 2004 fast 900 Tonnen Gold nachgefragt. Die Mittelschicht wird dort immer größer. Und bei ihr gilt Gold- und Goldschmuck als ein Garant für Sicherheit und fungiert oft sogar direkt als Zahlungsmittel. (1), (2)
Auch die Chinesen stehen, was Gold betrifft, mittlerweile in den Startlöchern. Erst seit 2004 ist es ihnen erlaubt, Goldbarren und Münzen zu kaufen. Derzeit macht die Nachfrage aus China allerdings erst 3% aus, Indien hingegen liegt schon bei beachtlichen 20%. (3)
Ölscheichs im Mittleren Osten geben dem Edelmetall verstärkt den Vorzug vor US-Dollar und Euro. Immer wieder werden auch Goldkäufe der Notenbanken von Russland, Argentinien, Südafrika und Indien als Preistreiber vermutet. Deren Devisenreserven sind oft noch stark dollarlastig. Zentralbanken halten derzeit etwa neun Prozent ihrer Devisenreserven in Gold, 1999 waren es 15 Prozent. Mittelfristig wird das Gold in der Gunst der Zentralbanken gegenüber dem Dollar zulegen, und die Währungsreserven werden zunehmend in Gold umgeschichtet. Insgesamt hält der Zentralbanksektor weltweit 31 000 Tonnen Goldreserven und damit in

etwa das Neunfache der Nachfrage. (5)
Generell ist das Edelmetall Gold interessant für Spekulanten und Investoren, die dem schwächelnden Dollar nicht mehr viel zutrauen.

Deutschlands Profianleger hingegen meiden das Gold. Deutsche Altersversorger, Genossenschaftsbanken, Sparkassen und Industrieunternehmen haben zumeist nur wenig Gold in ihren Portefeuilles. Versicherer verzichten ganz auf das Edelmetall. Die Hauptgründe liegen zum einen in fehlenden laufenden Erträgen wie Zinsen oder Dividenden, zum anderen in Beschränkungen bei Goldanlagen für deutsche Versicherer und Pensionskassen seitens der Anlageverordnung für Versicherungsunternehmen. (7)

Goldpreis im Höhenrausch

Der Goldpreis erreichte am 8. Dezember seinen höchsten Wert seit April 1981 und ein neues 24-Jahres-Hoch. 518,92 Dollar kostete die Feinunze. Seit Jahresbeginn stieg der Goldpreis um 17%. (8), (6) Gold befindet sich derzeit in einem Höhenrausch. Das war keineswegs immer so. Noch 1970 lag der Goldpreis bei nur 35,94 US-Dollar pro Unze und somit bei seinem Tiefstkurs. In den folgenden Jahren kletterte er nach

oben und schnellte am 21. Januar 1980 an der London Stock Exchange auf sein historisches Hoch von 850 US-Dollar pro Unze. Bereits im Folgejahr 1981 war er jedoch wieder auf ein Jahresdurchschnittsniveau von 459,87 US-Dollar gefallen. [Abb.2]
Während Ende der neunziger Jahre die Börse boomte, stürzte das Gold ab. Im August 1999 kostete die Feinunze nur noch 254 Dollar. (2) Dann zerfiel der Internet-Hype und mit ihm der Glaube an Reichtum durch Aktien und Anleihen. Seither ist das gute alte Gold wieder stärker gefragt. Seit Anfang 2000 hat der Goldpreis rund 80% in Dollar zugelegt.
Für das kommende Jahr 2006 wird mit einem weiteren Anstieg von 10 bis 15% gerechnet. Die Analysten von GFMS in London gehen davon aus, dass der Goldpreis in den nächsten 18 Monaten bis auf 850 Dollar je Feinunze ansteigen wird. Auf mittlere Sicht schwanken die Prognosen der Goldexperten zwischen 500 und 1 000 Dollar. (1)

Branche erwartet Unternehmensübernahmen in größerem Umfang

Die Top Five Goldproduzenten und Goldminenbetreiber der Welt sind Newmont Mining

(USA), Anglo Gold Ashanti (Südafrika), Barrick Gold (Kanada), Gold Fields (Südafrika) und Placer Dome (Kanada).
Der Bau von neuen Goldminen ist langwierig und kostspielig. Wachstum durch Übernahmen und Fusionen lautet daher bei den Goldförderunternehmen die Devise. 2001 hat Barrick die Homestake Mining übernommen. Anfang 2002 kaufte Newmont Mining die australische Normandy Mining. Derzeit konkurrieren der kanadische Barrick-Konzern und die amerikanische Newmont Mining um die feindliche Übernahme von Placer Dome. Gewinnt Barrick, entsteht durch diese Fusion der größte Goldförderkonzern der Welt. (9), (10)

Es ist nicht alles Gold, was glänzt...

Keine großen Anhänger der Goldgräber sind die Umweltschutzorganisationen. Chemikalien wie das extrem giftige Zyanid, abrutschende Schutthalden, die das Trinkwasser verseuchen und Fische töten, machen in ihren Augen Goldminen zu regelrechten Umweltkillern.

Wenig begeistert in Sachen Gold wären wohl auch die Bundesrepublik Deutschland und ihre Großbanken, wenn der amerikanische Anwalt Ed

Fagan mit seinen Drohungen Ernst machen würde. Er bereitet seit geraumer Zeit eine Sammelklage in Höhe von 10,2 Milliarden Dollar vor und vertritt dabei die Interessen der Besitzer deutscher Goldanleihen in Dollar aus den zwanziger Jahren. Das Deutsche Reich hatte damals die Dawes-Anleihe im Volumen von 230 Millionen Dollar aufgelegt. Anleihen mit einem Nennwert von 1 000 Dollar wurden ausgegeben und überwiegend im Ausland gezeichnet. Viele Anleger haben ihre Anleihen bis heute nicht eingelöst. Jede Anleihe soll heute rund eine halbe Million Dollar wert sein. Ob diese Klage eingereicht und Aussicht auf Erfolg haben wird, steht allerdings noch in den Sternen. Angeblich operiert Fagan nämlich mit plump gefälschten Schreiben. (11)
Womit wieder einmal bewiesen wäre: Es ist nicht alles Gold, was glänzt.

Fallbeispiele

Südafrika

liegt zwar in der Goldförderung nach wie vor auf Platz eins in der Welt, aber die Produktion sinkt von

Jahr zu Jahr. Sie macht derzeit noch ein Achtel der Weltproduktion aus. In den letzten fünf Jahren ging die Fördermenge um etwa 30 Prozent zurück. 2005 werden rund 300 Tonnen gefördert, letztes Jahr waren es 346 und vor zwei Jahren 400 Tonnen. Dies liegt unter anderem an den in Südafrika vergleichsweise hohen Förderkosten. Der Goldgehalt im Stein sinkt, und das Gold muss in immer größeren Tiefen abgebaut werden. Südafrikas Goldförderunternehmen sind daher auf Internationalisierungskurs.Der größte Goldkonzern des Landes, Anglo Gold Ashanti, verkauft schon seit einigen Jahren unrentable Minen in Südafrika. Nächstes Frühjahr soll die Mine Savuka geschlossen und Tau Lekoa möglicherweise verkauft werden. Auch Gold Fields, zweitgrößter Goldförderer Südafrikas, folgt diesem Trend. Statt im eigenen Land wird vermehrt im Ausland gefördert, beispielsweise in Mali, Ghana, China, Südostasien, Russland. (12), (13)

Australien

ist mit 261 Tonnen der zweitgrößte Goldförderer der Welt. Dennoch herrscht Unzufriedenheit, denn die Förderung sackte 2004 auf ihren tiefsten Stand seit 9 Jahren ab (minus 6,5%). Ursache waren zum einen schlechte Wetterbedingungen, zum anderen schlossen viele Minen wie z.B. Sons of Gwalia, Hannans South, Kundana, New Celebration und Bronzewing. Die drei größten Minen in Australien waren 2004 Super Pit (Newmont Mining und Barrick Gold), Granites (Newmont) und Ives. (14)

In **China** hingegen geht es auch in Sachen Goldproduktion steil nach oben. Mit gut 212 Tonnen liegt China weltweit an Position vier. 1994 waren es noch 90 Tonnen. Die größten Goldförderregionen sind die Shandong Provinz in Ostchina, Henan, Fujian, Shaanxi, Liaoning und Hebei. (15)

Zahlen & Fakten

Goldförderung 2004

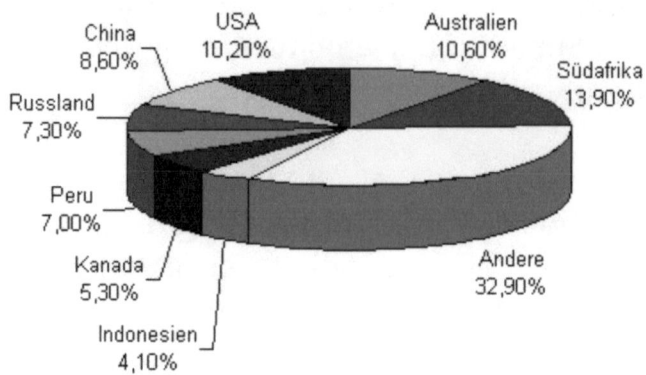

Quelle: Goldsheet Mining directory

Entnommen aus:
http://www.goldsheetlinks.com/production.htm

Goldpreisentwicklung 1970-2004

Jahresdurchschnittskurs an der London Stock Exchange in US-Dollar pro Unze

Jahr	Durchschnittskurs
1970	35,94
1975	161,60
1980	612,13
1985	317,32
1990	383,59
1995	384,16
2000	279,16
2004	409,35

Quelle: www.wikipedia.org

Entnommen aus:
http://de.wikipedia.org/wiki/Gold/Tabellen_und_Grafil

Weiterführende Literatur

(1) Gold-Höhenflug ist noch nicht vorbei - Das Edelmetall bleibt gefragt - 550 Dollar je Feinunze in 2006? - Zertifikate, Fonds und Minenaktien interessant
aus Giessener Anzeiger vom 03.12.2005

(2) Buchter, Heike, Der Goldpreis steigt und steigt. Der Unzenpreis für das gelbe Metall hat die Marke von 500 Dollar durchbrochen. Für viele Gold-Investoren ist auch die Zukunft glänzend., NZZ am Sonntag, 04.12.2005, Nr. 49, S. 44
aus Giessener Anzeiger vom 03.12.2005

(3) Glänzende Perspektiven

aus HandelsZeitung vom 30.11.2005 Seite 60

(4) Zusammenschluß in der Goldindustrie
aus Frankfurter Allgemeine Zeitung, 01.11.2005, Nr. 254, S. 15

(5) Im Goldrausch
aus Frankfurter Allgemeine Zeitung, 06.12.2005, Nr. 284, S. C8

(6) Der Goldpreis steigt auf ein 24-Jahres-Hoch
aus Frankfurter Allgemeine Zeitung, 08.12.2005, Nr. 286, S. 21

(7) Deutschlands Profianleger meiden Gold ftd/feri-umfrage
aus Financial Times Deutschland vom 30.11.2005, Seite 24

(8) "Goldpreis liegt 2007 bei 850 Dollar"
aus Frankfurter Allgemeine Zeitung, 09.12.2005, Nr. 287, S. 19

(9) Goldminenbranche steht vor neuer Konsolidierungsrunde
aus Frankfurter Allgemeine Zeitung, 03.11.2005, Nr. 256, S. 26

(10) Verzweifelte Minensuche
aus HandelsZeitung vom 30.11.2005 Seite 53

(11) Gold-Anleihen der zwanziger Jahre werden ein Fall für die Gerichte

aus Frankfurter Allgemeine Zeitung, 18.10.2005, Nr. 242, S. 13

(12) Hoher Goldpreis kommt in den Minen kaum an
aus Bonner General-Anzeiger, 01.12.2005, S. 26

(13) Das Gold vom Kap wird knapp Lukrative Minen werden selten - Kosten für Abbau steigen - Gold- und Platinwerte haussieren an der JSE
aus Börsen-Zeitung, 30.11.2005, Nummer 231, Seite 17

(14) Sydney: Fester – Goldaktien legen deutlich zu – Gewinnwarnung von McGuigan Brambles gibt Neustrukturierung bekannt
aus Finanz und Wirtschaft, Seite 10

(15) O.V., China's gold production set new record, People's Daily Online, 27.01.2005
aus Finanz und Wirtschaft, Seite 10

Impressum

Goldmarkt - Goldpreis auf Rekordhöhe, Nachfrage übersteigt Angebot

Bibliografische Information der deutschen Nationalbibliothek

Die Deutsche Nationalbibliothek verzeichnet diese Publikation in der deutschen Nationalbibliografie; detaillierte bibliografische Daten sind im Internet über http://dnb.d-nb.de abrufbar.

ISBN: 978-3-7379-2323-1

© 2015 GBI-Genios Deutsche Wirtschaftsdatenbank GmbH, Freischützstraße 96, 81927 München, www.genios.de

Alle Rechte vorbehalten. Dieses Werk ist einschließlich aller seiner Teile – z.B. Texte, Tabellen und Grafiken - urheberrechtlich geschützt. Jede Verwertung außerhalb der Grenzen des Urheberrechtsgesetzes bedarf der vorherigen Zustimmung des Verlags. Dies gilt insbesondere auch für auszugsweise Nachdrucke, fotomechanische

Vervielfältigungen (Fotokopie/Mikroskopie), Übersetzungen, Auswertungen durch Datenbanken oder ähnliche Einrichtungen und die Einspeicherung und Verarbeitung in elektronischen Systemen.